Obsequiado a:

_____

Por:

_____

Fecha:

_____

Con motivo de:

_____

Cómo encontrar ánimo para cada día
Joyce Meyer

Publicado por *Editorial Peniel*
Boedo 25
C1206AAA Buenos Aires - Argentina
Tel/Fax: (54-11) 4981-6178 / 6034
e-mail: info@peniel.com

www.editorialpeniel.com

Originally published in english under the title:
Never lose heart
by Warner Books, Inc.
1271 Avenue of the Americas
New York, NY 10020 USA.
Copyright © 2001 by Joyce Meyer

Copyright © 2005 *Editorial Peniel*

Diseño de cubierta e interior: arte@peniel.com

Las citas bíblicas pertenecen a la *Nueva Versión Internacional* (NVI) por la
Sociedad Bíblica Internacional, excepto las indicadas como: *Reina Valera
Revisada, versión 1960* (RVR).

Nota de traducción: En las citas bíblicas, la autora usa paréntesis o corchetes
cada vez que desea aclarar algo, explicar el término usado o cuando desea
agregar un pensamiento personal, ampliar el concepto, etc.

Edición N° 1 Año 2005

Impreso en Colombia
Printed in Colombia

Meyer, Joyce.
Como encontrar ánimo para cada día. – 1a ed. – Buenos Aires : Peniel, 2005
Traducido por: Doris Cabrera Mora.
ISBN 987-557-084-2
1. Superación Personal. I. Cabrera Mora, Doris, trad. II. Título CDD 158.1
130 p. ; 13x18 cm.

CÓMO ENCONTRAR ÁNIMO PARA CADA DÍA

Nunca te desanimes

JOYCE & MEYER

Peniel

www.editorialpeniel.com

Índice

---— ❧ ———

*La paz llega a cada situación
cuando escogemos escuchar y
obedecer al Señor. Debemos buscar y
seguir la sabiduría para
disfrutar de vidas bendecidas.*

———————————————

Cuando te sientas estresada

Palabra de Dios para ti

*No se inquieten por nada; más bien, en toda
ocasión, con oración y ruego, presenten sus
peticiones a Dios y denle gracias.
Y la paz de Dios, que sobrepasa todo
entendimiento, cuidará sus corazones y
sus pensamientos en Cristo Jesús.*

FILIPENSES 4:6-7

Parte Uno

CUANDO TE SIENTAS ESTRESADA

ace algunos años fui al doctor porque estaba constantemente enferma. Él me dijo que los síntomas eran el resultado de estar estresada. Estaba durmiendo mal, alimentándome inadecuadamente y exigiéndome más y más –todo en nombre del servicio al Señor–.

La palabra *estrés* era originalmente un término de ingeniería usado para referirse a la cantidad de fuerza que un balancín, u otro soporte físico, podía sostener bajo presión sin colapsar. En nuestro tiempo el término estrés ha sido ampliado para incluir la presión mental y emocional.

El estrés es algo normal en la vida de todos. Dios nos ha creado con la capacidad de sobrellevar una cierta cantidad de presión y tensión. El problema se suscita cuando nos esforzamos más allá de nuestras limitaciones, lo que nos puede llegar a ocasionar un daño permanente

La paz está destinada a ser la condición natural de todo creyente en Jesucristo. Él es el Príncipe de Paz, y en Jesús encontramos nuestra herencia de paz. Es un don del Espíritu Santo que Él nos da cuando vivimos en obediencia a su Palabra.

La paz que Jesús da se manifiesta en tiempos buenos o malos, cuando hay abundancia o escasez. Su paz opera en medio de la tormenta.

PALABRA DE DIOS PARA TI

¿Acaso no saben que su cuerpo es templo (el mismo santuario) del Espíritu Santo, quien está en ustedes y al que han recibido (como regalo) de parte de Dios? Ustedes no son sus propios dueños; fueron comprados por un precio (adquiridos con un valor inapreciable y hechos propiedad de Dios). Por tanto, honren con su cuerpo a Dios.

1 CORINTIOS 6:19-20

¿Acaso no lo sabes? ¿Acaso no te has enterado? El SEÑOR es el Dios eterno, creador de los confines de la tierra. No se cansa ni se fatiga, y su inteligencia es insondable.
Él fortalece al cansado y acrecienta las fuerzas del débil (lo que causa que se multipliquen y las hace abundar).

ISAÍAS 40:28-29

REFRESCA AL CANSADO

*L*a primera clave para controlar o vencer el estrés es reconocer, o admitir, que lo padecemos. Aunque yo estaba teniendo constantes dolores de cabeza, de espalda, de estómago, de cuello, y todos los demás síntomas del estrés, me fue muy difícil aceptar que me exigía demasiado física, mental, emocional y espiritualmente. Realizaba todo aquello que sentía que Dios anhelaba, sin buscarlo verdaderamente para saber qué era lo que Él quería que hiciera, cuándo quería que lo hiciera o cuánto quería que hiciera. Si abusamos de nosotros mismos, sufriremos las consecuencias.

Aunque el Señor da fuerza al cansado y fatigado, si tú estás exhausta por exceder continuamente tus limitaciones físicas, necesitas descanso. El Señor puede, misericordiosamente, darte energía sobrenatural en situaciones particulares, pero estás en desobediencia cuando abusas de tu cuerpo, el templo del Espíritu Santo.

Si quieres que Dios fluya y obre a través de ti, necesitas cuidar tu cuerpo para que Dios pueda usarte. Si estropeas tu cuerpo, ¡no tienes otro en algún lugar, para usar, de repuesto!

---

*La unción de Dios se aparta cuando actúas
fuera de sus designios.*

Palabra de Dios para ti

*Yo, la sabiduría (de Dios), convivo con la
prudencia y poseo conocimiento y discreción.*

Proverbios 8:12

❧✿❧

*La sabiduría (sabiduría divina, la cual es
perspicaz –aguda, penetrante– en los
caminos y propósitos de Dios) del prudente es
discernir sus caminos...*

Proverbios 14:8

❧✿❧

PRUDENCIA

Una palabra de la cual no se oye enseñar mucho es "prudencia". En las Escrituras "prudencia" o "prudente" significa ser buenos administradores de los dones que Dios nos ha dado para que los usemos. Esos dones incluyen tiempo, energía, fuerza y salud así como también posesiones materiales. Involucran tanto nuestro cuerpo como nuestra mente y espíritu.

Así como a cada uno de nosotros se nos ha dado diversa clase de dones, también se nos ha dado la habilidad de usarlos. Algunos somos más hábiles que otros en el manejo de nuestra vida.

Cada uno necesita saber cuánto puede abarcar. Tenemos que ser capaces de reconocer cuando estamos alcanzando nuestra "máxima capacidad" o nos estamos "sobrecargando". En lugar de exigirnos y sobrecargarnos para agradar a otros, satisfacer nuestros propios deseos o alcanzar nuestras metas personales, necesitamos escuchar al Señor y obedecerlo. Debemos buscar y seguir la sabiduría para disfrutar de una vida bendecida.

Nadie puede quitar todas las causantes del estrés, las cosas que producen o incrementan el estrés en nuestra vida. Por esa razón cada uno debe ser *prudente* para identificar y reconocer lo que le produce estrés, y aprender cómo responder a ello con la acción correcta.

Dios es bueno, y quiere que tú creas
que Él tiene un buen plan para tu vida,
y que obra en tu situación.

Palabra de Dios para ti

Si realmente escuchas al SEÑOR tu Dios, y cumples fielmente todos estos mandamientos que hoy te ordeno, el SEÑOR tu Dios te pondrá por encima de todas las naciones de la tierra. El SEÑOR te pondrá a la cabeza, nunca en la cola. Siempre estarás en la cima, nunca en el fondo, con tal de que prestes atención a los mandamientos del SEÑOR tu Dios que hoy te mando, y los obedezcas con cuidado.

Deuteronomio 28:1, 13

...a fin de servir a Dios (bajo obediencia a sus mandatos) con el nuevo poder que nos da el Espíritu, y no por medio (bajo obediencia) del antiguo mandamiento escrito.

Romanos 7:6

ALIVIEMOS EL ESTRES

$\mathcal{C}$uando comencé a preparar este libro acerca del estrés, le pedí al Señor que me mostrara cómo quería que presentara el material. Me respondió con un mensaje, una palabra, del corazón del Padre para el Cuerpo de Cristo, en este tiempo, en esta época.

Otra clave importante para aliviar el estrés es la *obediencia*.

Puede ser que tengamos *estrés*, pero debemos estar *por encima* de él, y no por *debajo*. ¡Hay una gran diferencia entre estar bajo *estrés*, y estar *por encima* de la situación!

Todos nos encontramos con situaciones que no nos agradan. Pero con el poder de Dios podemos atravesar esas circunstancias libres de estrés.

Aún así, tal como la gente del mundo, nosotros también experimentaremos tiempos estresantes, pero si somos obedientes a la Palabra de Dios y a sus designios, podremos estar por encima del estrés y no por debajo.

¿Crees que Dios te guía a un sitio de victoria y triunfo, y no a un lugar de derrota? ¡Tu respuesta como hija de Dios y creyente en Cristo Jesús debería ser "sí"! Si los creyentes escucháramos todo lo que el Señor nos dice y lo obedeciéramos, no experimentaríamos estados de derrota tan a menudo.

∽

*Simplemente si obedecemos los designios
del Espíritu Santo aliviaremos rápidamente el estrés.*

PALABRA DE DIOS PARA TI

*¿Acaso no saben ustedes que, cuando se entregan a alguien
para obedecerlo, son esclavos de aquel a quien obedecen?
Claro que lo son, ya sea del pecado que lleva a la muerte, o de
la obediencia que lleva a la justicia (al justo obrar y a la
correcta permanencia en Dios).*

ROMANOS 6:16

*Si ahora ustedes me son del todo obedientes, y cumplen mi
pacto, serán mi propiedad exclusiva entre todas las naciones.
Aunque toda la tierra me pertenece.*

ÉXODO 19:5

La unción de Dios está en la obediencia

*L*a gracia y el poder de Dios están disponibles para que los usemos. Dios nos capacita o nos da la unción del Espíritu Santo, para llevar a cabo lo que *Él* nos dice que hagamos. A veces, luego de que nos ha impulsado a ir en otra dirección, continuamos presionando con nuestro plan original. Si hacemos algo que Dios no ha aprobado, Él no está obligado a darnos la energía para llevarlo a cabo. Estaríamos actuando en nuestra propia fuerza antes que mediante el control del Espíritu Santo. Después terminamos tan frustradas, estresadas y agotadas, que perdemos el autocontrol, por ignorar, simplemente, los mandatos del Espíritu.

Mucha gente está estresada y agotada por avanzar en su propio camino en lugar del que Dios ha trazado. Van en una dirección diferente a la que Dios ha diseñado, y terminan envueltos en situaciones estresantes. Después se agotan en medio de la desobediencia, luchan por terminar lo que empezaron fuera de la dirección de Dios, y le ruegan que les dé unción.

Dios es misericordioso y nos ayuda en medio de nuestros errores. Pero Él no nos va a dar fuerza y energía para que lo desobedezcamos continuamente. Puedes evitar muchas situaciones estresantes y vivir sin "la soga al cuello", simplemente si obedeces los mandatos del Espíritu Santo momento a momento.

Obedecer a Dios en las pequeñas cosas hace la gran diferencia en mantener el estrés fuera de nuestra vida.

PALABRA DE DIOS PARA TI

*Quédense quietos, reconozcan (y entiendan) que
yo soy Dios. ¡Yo seré exaltado entre las
naciones! ¡Yo seré enaltecido en la tierra!*

SALMOS 46:10

*Confía en el SEÑOR de todo corazón,
y no en tu propia inteligencia.
Reconócelo en todos tus caminos,
y él allanará tus sendas.*

PROVERBIOS 3:5-6

ESTEN QUIETAS Y CONOZCAN A DIOS

*U*na de las razones principales por la que muchas de nosotras estamos agotadas y estresadas, es que no sabemos cómo estar quietas, cómo "conocer" a Dios y "reconocerlo". Cuando pasamos tiempo con Él aprendemos a escuchar su voz. Cuando lo reconocemos, Él dirige nuestras sendas. Necesitamos aprender a estar quietas interiormente, a permanecer en ese estado de tranquilidad, a estar siempre listas para escuchar la voz del Señor.

Mucha gente hoy corre de una cosa a la otra. Porque su mente no sabe cómo estar en quietud; no saben cómo tener calma.

Durante mucho tiempo sentí que debía encontrar algo para hacer todas las tardes. Tenía que estar involucrada y ser parte de lo que sucediera. Pensaba que no podría soportar perderme algo, porque no quería que nada ocurriera sin que yo lo supiese. No podía simplemente sentarme y quedarme quieta. Tenía que estar de pie, haciendo algo. No era un ser humano, era un "hacedor humano".

Necesitamos ser cuidadosas en someter nuestras ideas y planes a Dios, para luego desacelerar y esperar. Asegúrate de que haya un sentido de paz que acompañe tus planes e ideas. Pregúntale al Señor por su voluntad para tu vida, luego permanece en quietud y conoce que Él es Dios.

❧
---

*Dios da lo mejor y lo más elevado a aquellos
cuya confianza está en Él. Está quieta y
déjalo mostrarse fuerte en tu vida.*

PALABRA DE DIOS PARA TI

*La paz les dejo; mi (propia) paz les doy. Yo no se la doy a
ustedes como la da el mundo. No se angustien ni se acobarden
(dejen de permitirse a ustedes mismos el estar turbados y
molestos; y no se permitan ser temerosos, intimidados,
cobardes e inestables).*

JUAN 14:27

*Que gobierne (actúe como árbitro continuamente) en sus
corazones la paz (la armonía del alma que viene) de Cristo
(decidiendo y asentando con determinación todas la preguntas
que se levantan en sus mentes, en ese estado de paz).*

COLOSENSES 3:15

JESÚS, NUESTRO PRÍNCIPE DE PAZ

*C*uando estamos totalmente estresadas desearíamos eliminar las causas de los problemas, pero la fuente del estrés no está realmente en las dificultades, en las circunstancias ni en las situaciones. El estrés viene por acercarse a los problemas con la perspectiva del mundo más que con la fe en Jesucristo, el Príncipe de Paz.

Fue la sangre de Jesús que compró nuestra paz, pero el precio que debemos pagar por ella es tener la buena voluntad de cambiar nuestra forma de aproximarnos a la vida. Nunca disfrutaremos la paz sin una buena disposición para ajustarnos y adaptarnos. Debemos estar dispuestas a sacrificar la preocupación y el razonamiento, si queremos conocer la paz. No podemos tener ansiedad, frustración, actitudes legalistas y disfrutar la paz de Dios.

Aunque habrá situaciones perturbadoras con las cuales lidiar, podemos tener la paz de Jesús porque Él ha "vencido al mundo" y lo ha "despojado" de su "poder para herirnos". ¡Él nos otorgó el poder para "ya no permitirnos" "estar agitadas y turbadas"! ¡La paz está disponible, pero debemos elegirla!

El Príncipe de Paz, Jesús, que vive dentro de aquellos que lo hemos recibido, conoce y nos revelará las acciones específicas que necesitamos realizar, en cada situación, para guiarnos a la paz.

❧
---

*Es absolutamente sorprendente lo que podemos lograr
en Cristo, si vivimos un día a la vez en su paz.*

Palabra de Dios para ti

Nos dio vida con Cristo (la misma vida de Cristo,
la misma nueva vida en la cual resucitó), aun cuando
estábamos muertos en (nuestros propios) pecados.
¡Por gracia (su favor y misericordia, lo cual no merecían)
ustedes han sido salvados (libres del juicio y hechos
participantes de la salvación de Cristo)!

Efesios 2:5

Pero Él nos da mayor ayuda con su gracia (...)
(poder del Espíritu Santo, para enfrentar esta tendencia
maligna y todas las demás plenamente).
"Dios se opone a los orgullosos, pero da gracia
(continuamente) a los humildes" (aquellos que son lo
suficientemente modestos para recibirla).

Santiago 4:6

OBRAS VERSUS GRACIA

*N*os frustramos mucho porque tratamos de vivir por las *obras* la vida que fue hecha y diseñada por Dios para ser vivida por *gracia*. Cuanto más tratamos de imaginar qué hacer para resolver nuestro dilema, más confundidas, turbadas y frustradas terminamos.

Cuando te encuentras en medio de una situación frustrante, solo detente y di: "Oh Señor, dame tu gracia". Luego cree que Dios ha oído tu oración y la responde, y que obra en esa situación.

La fe es el canal por medio del cual tú y yo recibimos la gracia de Dios. Si tratamos de hacer las cosas por nuestros propios medios, sin estar abiertos para recibir la gracia de Dios, entonces no importa cuánta fe podamos tener, aún así no recibiremos lo que pedimos.

Hace mucho tiempo escribí esta frase y la pegué en mi heladera:

Obras de la carne = Frustración

Si puedes aprender este principio, pronto vencerás la tentación de sentirte en una persona frustrada.

Debemos confiar y descansar en la gracia de Dios. Él sabe lo que enfrentamos en cada una de las situaciones de la vida, y hará que las cosas resulten para bien, si confiamos en Él lo suficiente como para permitirle que lo haga.

―――――――― ❧ ――――――――

Recuerda, no es por fuerza ni poder, sino por el Espíritu, que ganamos la victoria sobre nuestro enemigo.

PALABRA DE DIOS PARA TI

Al que puede hacer muchísimo más que todo lo que podamos imaginarnos o pedir, por el poder que obra eficazmente en nosotros.

EFESIOS 3:20

DIOS PUEDE

*E*sta es una Escritura poderosa que nos dice que nuestro Dios puede y es capaz de hacer mucho más de lo que tú y yo nos atreveríamos alguna vez a esperar, pedir o aún pensar. Necesitamos orar, pedir con fe y confianza. Pero es Dios quien hace la obra, no nosotros. ¿Cómo lo hace? *De acuerdo al* [o por el] *poder* [o la gracia de Dios] *que actúa en nosotros.* Lo que tú y yo recibimos del Señor está directamente relacionado con la cantidad de gracia que aprendamos a adquirir.

Yo estaba poniendo una increíble presión sobre mí, tratando de cambiar. Me encontraba bajo una condenación tremenda, porque cada mensaje que escuchaba parecía decirme que cambiara, pero aun así no podía cambiar, no importa cuán arduamente lo intentara, creyera o confesara. Estaba en un terrible lío porque veía que todas las cosas relacionadas conmigo necesitaban ser transformadas, pero no tenía el poder para realizar esos cambios.

El Señor debe ser nuestra fuente y provisión. Él es el único que puede producir cambios en nuestra vida. Yo tuve que aprender a decir: "Padre, aunque no soy digna de tu ayuda, sé que los cambios que tú quieres no van a concretarse en mi vida a menos que tú añadas el poder".

Dios promete fortalecernos en nuestras debilidades si confiamos en Él y nos volvemos a Él. Su gracia será suficiente en la necesidad.

———————— ❧ ————————

*La felicidad y el gozo no provienen
del exterior. Vienen de nuestro interior.
Son una decisión consciente, una
elección deliberada que nosotras mismas
hacemos cada día de nuestra vida.*

——————————————————————

Cuando te sientas desanimada

PALABRA DE DIOS PARA TI

*Hubiera yo desmayado,
si no creyese que veré la bondad de Jehová en la
tierra de los vivientes.
Aguarda a Jehová; esfuérzate, y aliéntese
tu corazón; sí, espera a Jehová.*

SALMOS 27:13-14 (RVR)

*Porque yo sé muy bien los planes que tengo
para ustedes –afirma el SEÑOR–, planes de
bienestar y no de calamidad, a fin de darles un
futuro y una esperanza.*

JEREMÍAS 29:11

Parte Dos

CUANDO TE SIENTAS DESANIMADA

odos hemos sido decepcionadas alguna vez. Sería sorprendente si pasáramos la semana sin tropezar con algún tipo de desilusión. Estamos "orientadas" (puestos en una cierta dirección), esperando que algo suceda de cierta forma, y cuando no ocurre de esa manera, nos sentimos "decepcionadas".

La desilusión no tratada se transforma en desánimo. Si nos desalentamos por mucho tiempo, tenderemos a devastarnos, y la devastación nos tornará incapaces de manejar cualquier situación.

Muchos cristianos devastados yacen al costado del camino de la vida, porque no han aprendido a manejar el desaliento. La ruina que ahora experimentan, comenzó, muy probablemente, con un pequeño desengaño que no fue tratado adecuadamente.

¡No es la voluntad de Dios que vivamos desilusionadas, devastadas u oprimidas! Cuando nos "decepcionamos", debemos aprender a "reorientarnos" para no llegar a desanimarnos y sentirnos devastadas.

Cuando aprendemos a poner nuestra esperanza y confianza en Jesús, la Roca (1 Corintios 10:4), y a resistir el ataque del diablo, podemos vivir en el gozo y la paz del Señor, libres de desánimo.

Elige resistir agresivamente al diablo para que puedas vivir en la plenitud de vida que Dios ha provisto para ti a través de su Hijo Jesucristo.

PALABRA DE DIOS PARA TI

*Pero Dios escogió (eligió deliberadamente)
lo insensato del mundo para avergonzar a los
sabios, y escogió lo débil del mundo para
avergonzar a los poderosos.
También escogió (eligió deliberadamente)
Dios lo más bajo y despreciado, y lo que no es
nada, para anular lo que es.
A fin de que en su presencia nadie pueda
jactarse (pretenda gloriarse).*

1 CORINTIOS 1:27-29

DIOS ESCOGE LO IMPROBABLE

Cuando te sientas desanimada, recuerda que Dios te eligió para cumplir su propósito, por más que te sientas una candidata inapropiada. Al proceder así, Él pone delante de ti una gran puerta abierta a fin de mostrarte su gracia, misericordia y poder ilimitados para cambiar tu vida.

Aunque todas podamos sentirnos inadecuadas e indignas, cuando Dios nos usa, nos damos cuenta que nuestro recurso no está en nosotros sino solo en Él: "*[Esto es] porque la locura [que tiene su fuente] en Dios es más sabia que los hombres, y la debilidad [que brota] de Dios es más fuerte que los hombres*" (1 Corintios 1:25).

Cada una tiene un destino, y no hay absolutamente ninguna excusa para no cumplirlo. No podemos usar nuestra debilidad como excusa, porque Dios dice que su poder se perfecciona en la debilidad (2 Corintios 12:9). Tampoco podemos usar el pasado como excusa, porque Dios nos dice, a través del apóstol Pablo, que si alguno está en Cristo, nueva criatura es; las cosas viejas pasaron; y todas son hechas nuevas (2 Corintios 5:17).

Pasa tiempo a solas y haz un inventario de cómo te sientes contigo misma. ¿Cuál es tu imagen de ti? ¿Te ves como recreada a imagen de Dios y resucitada a una nueva vida que solo espera que la reclames?

Cada unoa de nosotras puede tener éxito en llegar a ser todo lo que Dios pretende que seamos.

PALABRA DE DIOS PARA TI

*...la Palabra de Dios (...) la cual actúa en
ustedes los creyentes (ejercitando su poder
súper humano en aquellos que se le adhieren,
creen, y confían en ella).*

1 TESALONICENSES 2:13

SOMOS UNA "OBRA EN PROGRESO"

*T*e animo a decir todos los días: "Dios está obrando en mí ahora mismo. ¡Él me está cambiando!" Di con tu boca lo que la Palabra declara, y no lo que tú sientes. Cuando hablamos sin cesar acerca de cómo nos sentimos, es difícil que la Palabra de Dios obre en nosotros en forma efectiva.

Cuando nos propongamos ser todo lo que podemos ser en Cristo, vamos a cometer algunos errores… todos lo hacen. Pero la presión disminuye cuando nos damos cuenta que Dios espera que hagamos lo mejor en la medida que podamos. Él no espera que seamos perfectas (sin ninguna tacha). Si fuéramos tan perfectas como intentamos ser, no necesitaríamos un Salvador. Yo creo que Dios siempre nos deja cierto número de defectos, solo para que sepamos cuánto necesitamos a Jesús cada día.

Yo no soy una predicadora perfecta. Hay veces que digo cosas equivocadas, momentos que creo haber escuchado a Dios y descubro que me escuché a mí misma. A veces siento que me falta perfección. No poseo una fe perfecta, una actitud perfecta, pensamientos perfectos ni métodos perfectos.

Jesús sabía lo que nos sucedería a todos. Es por eso que Él se pone en la brecha, entre la perfección de Dios y nuestra imperfección. Él intercede *continuamente* por nosotros, porque *constantemente* lo necesitamos (Hebreos 7:25).

---

*No tenemos que creer que Dios nos acepta
solo si obramos en forma perfecta. Podemos creer
la verdad de que Él nos acepta "en el Amado".*

PALABRA DE DIOS PARA TI

*Pelea la buena batalla de la fe; haz tuya la vida
eterna, a la que fuiste llamado y por la cual
hiciste aquella admirable declaración de fe
delante de muchos testigos.*

1 TIMOTEO 6:12

SÉ UNA LUCHADORA

*S*er agresiva es ser una luchadora. Pablo dijo que había peleado la buena batalla de la fe (2 Timoteo 4:7), e instruyó a su joven discípulo Timoteo a hacer lo mismo. De la misma manera, nosotros debemos pelear la buena batalla de la fe diariamente, mientras luchamos contra enemigos espirituales en los lugares altos, y en nuestra mente y corazón.

Pelear esta buena batalla de la fe es, en parte, ser capaces de reconocer al enemigo. Mientras seamos pasivas, Satanás nos atormentará. Nada cambiará respecto a nuestra situación si todo lo que hacemos es sentarnos y desear que las cosas sean distintas. Debemos entrar en acción. Muy a menudo no enfrentamos al enemigo cuando viene en contra de nosotros con desánimo, temor, duda o culpa. Simplemente retrocedemos, nos colocamos en algún rincón y le permitimos que nos golpee.

No se supone que tú y yo seamos sacos de arena para el diablo; por el contrario, debemos ser luchadoras.

Ahora, el diablo quiere que peleemos en lo natural con todos los que nos rodean. Pero Dios anhela que olvidemos toda la basura que Satanás revuelve dentro de nosotros a fin de irritarnos contra otras personas. Él quiere, en cambio, que peleemos contra enemigos espirituales que tratan de hacer guerra sobre nuestra vida, y robarnos el gozo y la paz.

---

*Resiste a Satanás cuando trate de tener
asidero en tu vida, y nunca tendrá una fortaleza.*

Palabra de Dios para ti

Todas las promesas que ha hecho Dios son "sí" (respuesta) en Cristo. Así que por medio de Cristo (en su persona y por su mediación) respondemos "amén" (así sea) para la gloria de Dios.

2 Corintios 1:20

La confianza en Jesús

En varios pasajes de la Biblia, como por ejemplo en 1 Corintios 10:4, se hace referencia a Jesús como la Roca. Pablo continúa diciéndonos en Colosenses 2:7 que debemos estar arraigados y cimentados en Él.

Si dejamos que nuestras raíces se aferren a Jesucristo, estaremos firmes. Pero si dejamos que se entrelacen alrededor de algo o de algún otro, estaremos en problemas.

Nada ni nadie podrá ser tan sólido, fiable e inamovible como Jesús. Por eso no quiero que la gente se arraigue y cimente en mí o en mi ministerio. Deseo llevar a la gente a Jesús. Sé que en última instancia voy a fallarles algún modo, así como sé que ellos también van a fallarme

Ese es el problema de nosotros, los seres humanos; somos propensos a fallar. Pero Jesucristo no. Pon toda tu esperanza invariablemente en Él; no en un hombre, ni en las circunstancias, ni en algo o algún otro.

Si no pones tu esperanza y fe en la Roca de tu salvación, encabezarás la lista del desengaño, lo cual conduce al desaliento y a la devastación. Debemos tener tanta confianza en el amor de Dios por nosotros que, no importa lo que venga en contra de nosotros, sabemos en lo profundo que somos más que vencedores.

— ❧ —

Necesitamos llegar a un estado de total bancarrota en nuestra propia habilidad fuera de Cristo. Sin Dios, somos incapaces; con Él nada es imposible.

Palabra de Dios para ti

*Por tanto, también nosotros, que estamos rodeados
de una multitud tan grande de testigos,
despojémonos del lastre que nos estorba, en especial
del pecado que nos asedia, y corramos con
perseverancia la carrera que tenemos por delante.
Fijemos la mirada (de todo lo que nos distraerá) en
Jesús, el iniciador y perfeccionador (llevándola a la
maduración y a la perfección) de nuestra fe (dando
el primer incentivo para que creamos), quien por el
gozo que le esperaba, soportó la cruz,
menospreciando la vergüenza que ella significaba, y
ahora está sentado a la derecha del trono de Dios.
Así, pues, consideren a aquel que
perseveró frente a tanta oposición por parte de los
pecadores, (aprécienlo y considérenlo todo en
comparación con sus pruebas) para que no se
cansen ni pierdan el ánimo.*

HEBREOS 12:1-3

Sigue mirando a Jesús

No se necesita un talento especial para darse por vencida, abandonarse al costado del camino de la vida y decir: "Renuncio". Cualquier incrédulo puede hacerlo.

No necesitas ser cristiana para ser desertora. Pero una vez que te tomas de Jesús, o mejor aún, cuando Él te sostiene, comienzas a producir fuerza, energía y coraje dentro de ti, y algo extraño y maravilloso comienza a suceder. ¡Él no te dejará renunciar!

Yo solía querer abandonar y renunciar. Pero ahora salto de la cama e inicio cada día de un modo nuevo. Comienzo mi día orando, leyendo la Biblia y confesando la Palabra, buscando a Dios.

El diablo puede estar gritando en mi oído: "Eso no te hace ningún bien. Lo has hecho por años y mira lo que has logrado, aún tienes problemas".

Ahí es cuando digo: "¡Cállate, diablo! La Biblia dice que debo mirar a Jesús y seguir su ejemplo. Él es mi Líder, el Autor y Consumador de mi fe".

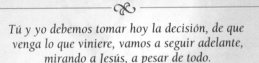

*Tú y yo debemos tomar hoy la decisión, de que
venga lo que viniere, vamos a seguir adelante,
mirando a Jesús, a pesar de todo.*

PALABRA DE DIOS PARA TI

*No se inquieten por nada; más bien, en toda
ocasión, con oración y ruego (pedidos
específicos), presenten sus peticiones a Dios y
denle gracias.
Y la paz de Dios (será de ustedes, ese estado
tranquilo de un alma asegurada de su salvación
a través de Cristo, y temiendo nada de Dios y
estando contentos con su terrenal cantidad del
tipo que sea, aquella paz), que sobrepasa todo
entendimiento, cuidará sus corazones y sus
pensamientos en Cristo Jesús.*

FILIPENSES 4:6-7

MEDITA EN LAS COSAS DE DIOS

*S*i no quieres que el desánimo te arruine, entonces no medites en tus desilusiones.

¿Sabías que tus sentimientos son afectados por tu manera de pensar? Si piensas que eso no es cierto, entonces toma veinte minutos o más, y piensa solo en tus problemas. Te aseguro que al final de ese tiempo, tus sentimientos, y quizás tu semblante, habrán cambiado.

Me levanté un día pensando en el problema que tenía. De repente, el Espíritu del Señor me habló diciendo: "Joyce, ¿vas a tener comunión con tu problema... o conmigo?"

Cuando te decepciones, no te sientes a tener lástima de ti misma. Aunque las cosas puedan parecer malas, aún tenemos una elección: tener comunión con nuestros problemas o tener comunión con Dios.

Podemos permitir que nuestros pensamientos se detengan en lo malo hasta que lleguemos a estar totalmente decepcionadas y arruinadas, o podemos poner nuestra atención en todo lo bueno que nos sucede en la vida, y en todas las bendiciones que Dios todavía tiene almacenadas para nosotras en los días venideros.

Los pensamientos son palabras silenciosas que solo nosotras y el Señor escuchamos, pero esas palabras afectan nuestro ser interior, nuestra salud, nuestro gozo y nuestra actitud.

Palabra de Dios para ti

Atrapen a las zorras, a esas zorras pequeñas
que arruinan nuestros viñedos.

Cantar de los Cantares 2:15

ATRAPA LAS ZORRAS

*L*as pequeñas decepciones pueden crear frustración, lo cual, a su tiempo, puede llevarnos a mayores problemas que pueden provocarnos mucho daño.

Además de las enormes desilusiones que nos hace fallar en obtener el ascenso en el empleo o la casa que queríamos, podemos ser igualmente afectados por la más mínima molestia. Por ejemplo, supón que alguien está por encontrase contigo para almorzar y falla en presentarse a horario. O supón que haces un viaje especial para comprar algo de oferta, pero ya se vendió todo.

En realidad, todos estos tipos de frustraciones son menores, pero pueden sumarse y causar mucha aflicción. Es por eso que debemos saber cómo manejarlas y mantenerlas en nuestra perspectiva. De otra forma, se nos pueden escapar de las manos y hacerse más grandes de lo que ya son.

Debemos estar en guardia contra las pequeñas zorras que destruyen las viñas, porque todas juntas pueden dañar tanto como las serias decepciones que a menudo las acompañan.

Debemos aprender a hacer como hizo Pablo en el libro de Hechos, cuando la serpiente se prendió de su mano: ¡simplemente la sacudió! (Hechos 28:1-5). Si aprendemos a tratar rápidamente con las decepciones no bien llegan, no se apilarán como montaña de devastación.

La victoria no es la ausencia de problemas;
es la presencia del poder de Dios.

PALABRA DE DIOS PARA TI

*Anunciando el misterio que se ha mantenido
oculto por siglos y generaciones (de ángeles y
de hombres), pero que ahora se ha manifestado
a sus santos (su pueblo).
A estos Dios se propuso dar a conocer cuál es la
gloriosa riqueza de este misterio entre las
naciones, que es en Cristo en ustedes, la
esperanza de gloria.*

COLOSENSES 1:26-27

CRISTO EN TI, LA ESPERANZA DE GLORIA

Tú y yo podemos reconocer y experimentar la gloria de Dios en nuestra vida, porque Cristo está en nosotros. Él es nuestra esperanza para ver cosas mejores.

La gloria de Dios es su excelencia manifiesta. Como hijos de Dios, tenemos el derecho –comprado por sangre– de poder experimentar lo mejor de lo que Dios ha planeado para nosotros. Satanás pelea furiosamente contra el plan que Dios tiene para cada una de nuestras vidas, y su arma primordial es la decepción. Cuando somos engañados, creemos lo que no es verdad.

Al mirarnos y ver nuestra propia habilidad, nos sentimos derrotadas, pero recordar que Cristo vive en nosotras es nuestra esperanza para comprender la gloria. Eso nos mantiene lo suficientemente animadas como para aspirar a cosas mejores. Cuando solo nos miramos a nosotras mismas, nos limitamos y no logramos ver a Jesús.

El Señor ha destinado a su iglesia para la gloria. Él volverá por una Iglesia gloriosa (Efesios 5:27). La gloria de Dios puede ser manifestada en nosotras y sobre nosotras, pero solo cuando creamos que es posible.

❧
---

*Dios busca a alguien que crea y
reciba. Él espera manifestar su gloria
¡en ti y a través de ti!*

---

*Dios tiene un lugar secreto
en el cual habitar, donde la
preocupación se desvanece
y la paz reina.*

Cuando te sientas preocupada

PALABRA DE DIOS PARA TI

*Humíllense, pues, bajo la poderosa mano de
Dios, para que él los exalte a su debido tiempo.
Depositen en él toda la ansiedad, porque él
cuida de ustedes.*

1 PEDRO 5:6-7

*El Espíritu del SEÑOR omnipotente está sobre
mí, por cuanto me ha ungido para (...)
confortar a los dolientes de Sión. Me ha enviado
a darles una corona (una guirnalda o diadema)
en vez de cenizas ("gloria en lugar cenizas").*

ISAÍAS 61:1, 3A

Parte Tres

CUANDO TE SIENTAS PREOCUPADA

 ios quiere cuidar de nosotras pero, para permitírselo, *nosotras* debemos dejar de cuidarnos. Muchas personas quieren que Dios se ocupe de ellas mientras se preocupan o tratan de encontrar una respuesta, en lugar de esperar la dirección de Dios. En realidad, lo que hacen es revolcarse en sus propias "cenizas" y, aún así, pretenden que Dios les dé gloria. Para que Dios nos dé de su gloria debemos darle las "cenizas".

Le entregamos nuestras preocupaciones confiando en que Él puede y habrá de cuidar de nosotras. Hebreos 4:3 dice: "En tal reposo entramos los que somos creyentes (los que nos unimos, confiamos y descansamos en Dios)...".

Entramos en el reposo de Dios a través de la fe. La preocupación es lo opuesto a la fe. La preocupación nos roba la paz, nos desgasta físicamente y puede aun enfermarnos. Si estamos preocupadas, no confiamos en Dios, y tampoco entramos en su reposo.

¡Qué gran negocio! Tú le das a Dios cenizas, y Él te da gloria. Le entregas todas tus preocupaciones y problemas, y Él te da protección, estabilidad, un lugar de refugio y plenitud de gozo, el privilegio de ser cuidada por Él.

---- ❧ ----

Jesús no se preocupó,
y nosotras tampoco debemos hacerlo.

PALABRA DE DIOS PARA TI

*El que habita al abrigo del Altísimo, se acoge a
la sombra del Todopoderoso (cuyo poder
ningún enemigo puede frenar).*

SALMOS 91:1

HABITEMOS EN
LA PROTECCIÓN

*D*ios tiene un lugar secreto donde podemos habitar en paz y estar seguros.

El lugar secreto es el del reposo en Dios; un lugar de paz y consuelo en Él. Este lugar secreto es un "lugar espiritual" donde la preocupación se desvanece y la paz reina. Es el lugar de la presencia de Dios. Cuando pasamos tiempo en oración, buscando a Dios y habitando en su presencia, estamos en el lugar secreto.

Cuando tú y yo *habitamos en Cristo*, o *habitamos en el lugar secreto*, no lo visitamos solo ocasionalmente, sino que residimos permanentemente allí.

El lugar secreto es un escondedero, un lugar privado o lugar de refugio. Es el lugar a donde corremos cuando estamos heridos, abatidos o cuando sentimos que desmayamos. Es el lugar al que corremos cuando somos maltratados o perseguidos, cuando tenemos una gran necesidad, o cuando sentimos que ya no podemos soportar más.

Tenemos que estar firmemente plantados en Dios. Necesitamos conocer la fuente de nuestra ayuda para cada situación y circunstancia. Debemos tener nuestro propio lugar secreto de paz y seguridad. Necesitamos descansar en Dios y confiar completamente en Él.

Dios quiere que nos refugiemos bajo la sombra protectora de sus alas. ¡Anhela que corramos a Él!

PALABRA DE DIOS PARA TI

Así que no se preocupen diciendo:
"¿Qué comeremos?" o "¿Qué beberemos?"
o "¿Con qué nos vestiremos?"
Porque los paganos (gentiles) andan
tras todas estas cosas, y el Padre celestial sabe
que ustedes las necesitan.

MATEO 6:31-32

NO ESTÉS ANSIOSA

*E*l problema de la preocupación es que comenzamos a decir: "¿Qué vamos a comer? ¿Qué vamos a beber? ¿Qué vamos a vestir?" En otras palabras, ¿qué vamos a hacer si Dios no actúa a favor de nosotros?

En lugar de calmar nuestros temores y abandonar nuestras preocupaciones, comenzamos a impacientarnos e inquietarnos con las palabras que salen de nuestra boca, lo cual las hace arraigar aún más profundamente.

El problema, con esta manera de hacer las cosas, es que esta es la forma en que actúa la gente que no sabe que tiene un Padre celestial. Pero tú y yo sabemos que tenemos un Padre amoroso, así que debemos actuar como tales.

Jesús nos asegura que nuestro Padre celestial conoce todas nuestras necesidades antes de que se lo digamos. Entonces, ¿por qué nos preocupamos por ellas? En lugar de ello, debemos poner nuestra atención en cosas que son mucho más importantes, las cosas de Dios.

⚜

Busquemos primero el Reino de Dios
y su justicia; entonces todas esas
otras cosas que necesitamos nos serán añadidas.

PALABRA DE DIOS PARA TI

*Pero que pida con fe, sin dudar, porque quien
duda es como las olas del mar, agitadas y
llevadas de un lado a otro por el viento.
Quien es así no piense que va a recibir cosa
alguna (por la cual pide) del Señor.*

SANTIAGO 1:6-7

MANTENTE EN LO POSITIVO

*S*i llevamos nuestras peticiones delante del Señor en oración, y luego continuamos preocupándonos por ellas, estamos mezclando una fuerza positiva con una negativa. La oración es una fuerza positiva, y la preocupación es una fuerza negativa. Si las sumamos, el resultado es cero. No sé tú, pero yo no quiero tener cero poder; entonces trato de no mezclar la oración con la preocupación.

Dios me habló una vez y me dijo: "Mucha gente opera con cero poder porque siempre está mezclando lo positivo y lo negativo. Tienen una confesión positiva por un rato, luego una negativa por otro. Oran por un tiempo, luego se preocupan. Confían, después vuelven a preocuparse. Como resultado, van hacia adelante y hacia atrás, sin lograr realmente ningún progreso".

¡No magnifiquemos lo malo, engrandezcamos lo bueno! Hagamos que crezca hablando al respecto, siendo positivos en nuestros pensamientos, en nuestras actitudes, en nuestra perspectiva, en las palabras y en las acciones.

¿Por qué no tomar la decisión de permanecer en lo positivo, confiando en Dios y rechazando la preocupación?

***

Practica el ser positiva en cada situación que enfrentes. Aún cuando lo que ocurra no parezca bueno por el momento, espera que Dios saque algo bueno de ello.

PALABRA DE DIOS PARA TI

*Que lo digan los redimidos del SEÑOR, a
quienes redimió del poder del adversario.*

SALMOS 107:2

*Solo él puede librarte de las trampas del
cazador y de mortíferas plagas,
pues te cubrirá con sus plumas y bajo
sus alas hallarás refugio. ¡Su verdad será tu
escudo y tu baluarte!*

SALMOS 91:3-4

SI ERES REDIMIDA, ¡DILO!

*C*uando te des cuenta que el diablo trata de distraerte, no le permitas que te tome desprevenida trayendo preocupación y pensamientos negativos. Abre tu boca y comienza a confesar tu autoridad en Cristo.

A veces, mientras me preparo para hablar en una iglesia o en un seminario, pensamientos negativos comienzan a bombardearme. En esos momentos me aliento diciendo con mi propia boca en voz alta: "Todo va a salir bien".

Satanás coloca pensamientos de ansiedad y preocupación en nuestra mente; a veces, realmente la "bombardea" con ellos. Espera que los aceptemos y comencemos a "confesarlos" con nuestra boca. Si lo hacemos, entonces él tiene material para crear en nuestra vida las circunstancias sobre las cuales ha traido pensamientos de ansiedad.

Una vez que reconocí esos pensamientos de ansiedad y malos presagios, y tomé autoridad sobre ellos, Dios comenzó a traer liberación a mi vida. Entonces pude comenzar a disfrutarla.

No seas emisaria del diablo.

Descubre lo que la Palabra de Dios te promete y comienza a declarar su espada de doble filo (Hebreos 4:12).

---

*Mientras confesamos la Palabra de Dios
con nuestra boca, en fe, empuñamos una poderosa
espada de doble filo que destruye al enemigo.*

PALABRA DE DIOS PARA TI

*Queridos hermanos, ahora somos hijos de Dios,
pero todavía no se ha manifestado lo que
habremos de ser. Sabemos, sin embargo, que
cuando Cristo venga seremos semejantes a él,
porque lo veremos tal como él es.*

1 JUAN 3:2

VIVE EL AHORA

*E*n realidad, las decisiones que tomemos hoy determinarán si disfrutaremos el momento o lo terminaremos malgastando mediante la preocupación. A veces terminamos perdiendo el hoy, porque estamos muy preocupadas acerca del mañana. Necesitamos mantener nuestra mente enfocada en lo que Dios quiere que hagamos ahora.

El Señor me dio una definición de ansiedad: "La ansiedad es causada por tratar de involucrarnos, mental o emocionalmente, en cosas que aún no son –el futuro– o en cosas que ya han sucedido –el pasado–".

Algo que debemos entender es que Dios quiere que aprendamos cómo ser gente del *ahora*. Por ejemplo, 2 Corintios 6:2 RVR dice: *"He aquí ahora es el día de salvación"*, y Hebreos 4:7 dice: *"Si ustedes oyen hoy su voz no endurezcan sus corazones"*.

Necesitamos aprender a vivir el ahora. A menudo malgastamos nuestro tiempo pensando en el pasado o en el futuro. Cuando realmente no nos concentramos en lo que hacemos en el momento, nos volvemos propensos a caer en la ansiedad. Si vamos a vivir en el ahora, encontraremos al Señor allí con nosotros. Independientemente de las situaciones que la vida ponga en nuestro camino, Él ha prometido no dejarnos ni abandonarnos, sino estar siempre con nosotros y ayudarnos (Hebreos 13:5; Mateo 28:20).

───────── ◈ ─────────

*No malgastes tu precioso "ahora"
preocupándote por el ayer o el mañana.*

───────────────────────

Palabra de Dios para ti

No se contenten solo con escuchar la palabra, pues así se engañan ustedes mismos (en decepción por el razonamiento contrario a la verdad). Llévenla a la práctica.

Santiago 1:22

RENUNCIA AL RAZONAMIENTO EXCESIVO

¿*Tratas* siempre de resolver todo? Muchos de nosotros hemos caído en ese foso. En lugar de echar toda ansiedad sobre el Señor, vamos por la vida llevándola a cuestas.

Cuando tratamos de solucionar todo, exaltamos más nuestro razonamiento que los pensamientos de Dios. Exaltamos más nuestros caminos que los suyos. Cuando Dios me reveló que tenía que renunciar al razonamiento excesivo que era contrario a la verdad, fue un verdadero desafío. No podía soportar no tener todo resuelto.

Por ejemplo, Dios nos dijo, hace algunos años, que hiciéramos algunas cosas en nuestro ministerio, mas yo no tenía la menor idea de cómo hacerlas. Pero Dios nunca me llamó a saber exactamente cómo llevar a cabo todo lo que Él me pedía que hiciera. Me llamó a buscarlo a *Él* antes que la respuesta a mis problemas, y a obedecer luego lo que Él me dijera que hiciese.

Cuando nos preocupamos, perdemos la paz, y cuando tratamos de solucionar todo, caemos en confusión. La confusión es el resultado de razonar con nuestro propio entendimiento, cuando deberíamos confiar en el Señor, de todo nuestro corazón, para abrirnos camino de acuerdo a su plan. Cuando creemos que sus pensamientos son más altos que los nuestros, frenamos la confusión antes de que comience.

───────────── ❧ ─────────────

La paz de Dios está siempre disponible,
pero debemos elegirla.

───────────────────────────────

PALABRA DE DIOS PARA TI

Confíen en el SEÑOR para siempre,
porque el SEÑOR es una Roca
(la Roca de los siglos) eterna.

ISAÍAS 26:4

Mi Dios, en ti confío; no permitas
que sea yo humillado, no dejes que mis
enemigos se burlen de mí.

SALMOS 25:2

DESARROLLA LA CONFIANZA

¿*C*uántas veces te has frustrado y te has inquietado innecesariamente, y has sobrellevado situaciones que surgieron en tu camino? ¿Cuántos años de tu vida has pasado diciendo: "Oh, creo en Dios. Confío en Dios", cuando, en realidad, todo lo que hacías era preocuparte, hablar negativamente, y tratar de solucionar todo por ti misma? Habrás pensado que confiabas en Dios porque decías: "Confío en Dios", pero dentro de ti había ansiedad y pánico. Tratabas de aprender a confiar en Dios, pero todavía no lo habías logrado.

La confianza y la seguridad se construyen en un período de tiempo. Usualmente lleva algo de tiempo vencer un arraigado hábito de preocupación, ansiedad o temor. Es por eso que es tan importante "tener una relación" con Dios. No te retires ni abandones, porque adquieres experiencia y fuerza espiritual en cada *round* que peleas. Cada vez te vuelves más fuerte de lo que eras antes. Tarde o temprano, si no abandonas, vas a ser más de lo que el diablo pueda manejar.

Si estás en tiempo de pruebas, usa ese tiempo
para construir tu confianza en Dios.
Créele a Él para liberarte
o llevarte hasta el final exitosamente.

PALABRA DE DIOS PARA TI

Practiquen el dominio propio...

1 PEDRO 5:8

Al de carácter firme lo guardarás en perfecta paz, porque en ti confía.

ISAÍAS 26:3

Sé equilibrada

A veces, al tratar con las situaciones, nuestra ansiedad se interpone entre lo que hacemos y lo que deberíamos hacer. Lo único que en realidad podemos hacer es poner lo mejor de nosotras, y luego confiarle a Dios el resto.

Funcionamos mejor cuando la mente está tranquila y bien equilibrada. Cuando nuestra mente está en calma, no tiene temor, preocupación ni tormento. Cuando nuestra mente está equilibrada, somos capaces de echar un vistazo a la situación y decidir qué hacer o no hacer al respecto.

Donde la mayoría de nosotros tiene problemas es cuando nos desequilibrarnos. Ya sea que entremos en un estado de pasividad en el cual no hagamos nada, esperando que Dios haga todo por nosotros, o nos volvamos hiperactivos, actuando en la carne. Dios quiere que seamos equilibrados para que podamos ser capaces de enfrentar cualquier situación en la vida y decir: "Creo que puedo hacer algunas cosas con respecto a esta situación, pero no más".

En vez de volvernos locas y llenarnos de temor y preocupación, necesitamos orar a Dios y decir: "Bueno, Señor, creo que tú me ayudas en esta situación, pero ¿hay algo que quieras que yo haga?"

Cualquier cosa que Dios nos muestre que debemos hacer en cuanto a nuestro problema, necesitamos ser lo suficientemente diligentes como para hacerlo. Luego debemos confiarle a Él el resultado.

— ✿ —

Una vez que hicimos todo lo que sabemos hacer,
podemos confiarle a Dios el resto.
Eso es lo que yo llamo fe y equilibrio.

---------— ❧ —---------

Dios busca gente que tenga
una actitud correcta en el corazón
hacia Él, no un récord
perfecto de desempeño.

_____

Cuando te sientas insegura

PALABRA DE DIOS PARA TI

Para que por fe Cristo habite en sus corazones. Y pido que, arraigados y cimentados en amor, puedan comprender, junto con todos los santos (la gente devota de Dios, la experiencia de ese amor), cuán ancho y largo, alto y profundo es el amor de Cristo.

En fin, que (realmente) conozcan (experimenten por ustedes mismos) ese amor que sobrepasa nuestro conocimiento (sin experiencia), para que sean llenos (en todo su ser) de la plenitud de Dios (tener la más rica medida de la presencia divina, y convertirnos en un cuerpo completamente inundado del mismo Dios).

EFESIOS 3:17-19

Parte Cuatro

CUANDO TE SIENTAS INSEGURA

ucha gente tiene un profundo sentimiento de inseguridad acerca de sí mismos, porque no puede aceptarse por lo que es. ¿Estás cansada de jugar, de usar máscaras, de tratar de ser alguien distinta a quien eres? ¿No te gustaría la libertad de ser aceptada tal como eres, sin la presión de ser alguien que tú no sabes ser?

Dios quiere que aprendamos que nuestro valor no está en lo que hacemos sino en quién somos en Él. Quiere que estemos dispuestas a ser quienes somos, con debilidades y todo, porque Él nos acepta incondicionalmente.

El plan del diablo es engañarnos para que basemos nuestro valor en nuestras obras, a fin de mantenernos entonces enfocadas en todas nuestras faltas y defectos. Satanás quiere que tengamos una opinión pobre de nosotras mismas, para que seamos ineficaces para Dios, que nos sintamos miserables y no receptivos ante las bendiciones de Dios porque creemos que no las merecemos.

Es muy importante tener un sentido positivo en cuanto a la autoestima, al valor y la dignidad propia, para estar seguras de quiénes somos en Cristo y para querernos de verdad. Aprendemos a aceptarnos comprendiendo cuánto nos ama Dios. Una vez que estamos arraigadas y cimentadas en el amor de Dios, podemos tener paz con nosotras mismas y dejar de sentirnos inseguras.

─────── ❧ ───────

Cada una de nosotras es imperfecta,
y Dios nos ama tal cual somos.

───────────────

PALABRA DE DIOS PARA TI

*Pido a Dios que el compañerismo que brota de
tu fe sea eficaz para la causa de Cristo
mediante el reconocimiento de todo lo bueno
que compartimos.*

FILEMÓN 6

*Porque por tus palabras se te absolverá,
y por tus palabras se te condenará.*

MATEO 12:37

ELIMINA LO NEGATIVO

Si hablamos mal de nosotras mismas, nos sentiremos condenadas. Apliquemos lo que Jesús enseñó acerca de nuestras palabras como la primera clave para vencer la inseguridad y *no hablar nunca negativamente de nosotras mismas*. Debemos pronunciar palabras que nos den poder, no palabras que nos debiliten. Si queremos hacer crecer nuestra aceptación personal y nuestra opinión sobre nosotras mismas, debemos decidir que no saldrá más de nuestra boca ningún comentario negativo.

El diablo quiere que confesemos todo rasgo nocivo que veamos en nosotros, porque no quiere que la comunicación de nuestra fe sea eficaz. Como acusador de los hermanos (Apocalipsis 12:9-10), trata continuamente de dirigirnos a enfocarnos en nuestros defectos y no en quienes somos en Cristo.

Necesitamos entender quiénes somos en Cristo y ver cuánto ha hecho Él por nosotros, al derramar su sangre para hacernos dignos. La comunicación de nuestra fe llega a ser eficaz confesando cada *cosa buena* en nosotros *en Cristo Jesús*, no confesando *lo que es incorrecto*. Hechos 10:15 dice: *"Lo que Dios ha limpiado y declarado limpio, tú no lo corrompas y profanes considerándolo y llamándolo común, impío o inmundo"*.

---------------- ❧ ----------------

Jesús fue hecho perfecto por nosotros. La aceptación de Dios no está basada en lo que hagamos, sino en nuestra fe y confianza en lo que Jesús hizo

---

Palabra de Dios para ti

Sino también para nosotros. Dios tomará en cuenta nuestra fe como justicia, pues creemos en aquel que levantó de entre los muertos a Jesús nuestro Señor.

Romanos 4:24

Al que no cometió pecado alguno, por nosotros Dios lo trató como pecador, para que en él recibiéramos la justicia de Dios.

2 Corintios 5:21

LA JUSTICIA ES UN DON DE DIOS

*U*na de las primeras revelaciones que Dios me dio sobre la Palabra fue acerca de la justicia. Con "revelación" quiero decir que un día, de repente, entiendes algo al punto de que se convierte en parte de ti misma. El conocimiento no está solo en tu mente, ya no necesitas renovar tu mente, porque no te preguntas o esperas que sea verdad: *lo sabes*.

La justicia es un don de Dios para nosotros. Es "imputada" –otorgada y acreditada– en nuestra cuenta en virtud de nuestra fe en lo que Dios hizo por nosotros a través de su Hijo Jesucristo. Jesús, quien no conoció pecado, se hizo pecado para que nosotros pudiéramos ser hechos justicia de Dios en Él.

El diablo no quiere, sobre todo, que transitemos la realidad de que estamos en la posición correcta para con Dios. Él quiere que nos sintamos inseguras, que estemos siempre distraídas contemplando lo que está mal en nosotras.

Jesús quiere que sepamos que estamos bien con Dios por lo que Él ha hecho por nosotros. Él quiere que vivamos en su Reino y tengamos paz y gozo en medio de las tribulaciones.

Cuando mantenemos nuestros ojos en el verdadero Reino de Dios –en Él, en su justicia, su paz y su gozo– todo lo demás nos será añadido en abundancia.

PALABRA DE DIOS PARA TI

*Todos fallamos mucho. Si alguien nunca falla
en lo que dice (nunca dice cosas inapropiadas),
es una persona perfecta, capaz también de
controlar todo su cuerpo.*

SANTIAGO 3:2

*En la lengua hay poder de vida y muerte;
quienes la aman comerán de su fruto.*

PROVERBIOS 18:21

CELEBREMOS LO POSITIVO

*L*a clave para vencer la inseguridad es esta: *meditar y hablar positivamente acerca de sí mismo.*

Nuestros pensamientos y palabras acerca de nosotras mismas son enormemente importantes. Para vencer tanto la palabra como el pensamiento negativo, que han sido parte tan natural de nuestro estilo de vida por tanto tiempo, debemos hacer un esfuerzo consciente para pensar y hablar lo bueno acerca de nosotras, hacer confesiones positivas.

Necesitamos alinear nuestra boca con lo que la Palabra de Dios dice de nosotros. La confesión positiva de la Palabra de Dios debería ser un hábito firme en cada creyente. Si todavía no has comenzado a desarrollar este importante hábito, hazlo hoy. Empieza pensando y diciendo cosa buena de ti misma: "Yo soy la justicia de Dios en Jesucristo. Prospero en todo lo que pasa por mis manos. Tengo dones y talentos, y Dios me usa. Opero en el fruto del Espíritu. Camino en amor. El gozo fluye a través de mí".

La Biblia enseña que podemos apropiarnos de las bendiciones de Dios para nuestra vida, creyendo y confesando las cosas positivas que Dios ha dicho acerca de nosotros en su Palabra.

***

*Si declaras continua e intencionalmente
lo que la Palabra de Dios dice respecto de ti,
tendrás resultados positivos.*

PALABRA DE DIOS PARA TI

*Esto dijo Jesús para dar a entender la clase de
muerte con que Pedro glorificaría a Dios.
Después de eso añadió: ¡Sígueme!
Al volverse, Pedro vio que los seguía el
discípulo a quien Jesús amaba, el mismo que en
la cena se había reclinado sobre Jesús y le había
dicho: "Señor, ¿quién es el que va a
traicionarte?"
Al verlo, Pedro preguntó: Señor, ¿y este, qué?*

JUAN 21:19-21

EVITA LAS COMPARACIONES

*L*a próxima clave importante para vencer la inseguridad es simple: *Nunca te compares con ningún otro, porque esto invita a la condenación.*

Realmente quiero animarte a que dejes de compararte con otras personas en lo que respecta a cómo eres, qué posición ocupas o cuánto oras. La comparación estorba el obrar de Dios en tu vida.

Tampoco debemos comparar nuestras pruebas y tribulaciones con las de otras personas. Algunas situaciones pueden parecerte duras. Pero no puedes mirar a otro y decir: "¿Por qué me pasa todo esto a mí y todo es color de rosas para ti?"

Jesús le reveló a Pedro, anticipadamente, algunos de los sufrimientos que atravesaría. Él inmediatamente quiso comparar su sufrimiento y su suerte en la vida con otro diciendo: "¿Y qué de este hombre?"

Jesús le dijo: *"Si quiero que él permanezca vivo hasta que yo vuelva, ¿a ti qué? [¿Qué te concierne a ti?] ¡Tú sígueme!"* (Juan 21:22).

Esa es la respuesta del Señor también para nosotros. No estamos llamados a comparar, sino solo a cumplir su voluntad para con nosotros.

❧

Dios quiere que sepas que eres única y que
Él tiene un plan individual y especial para tu vida.

PALABRA DE DIOS PARA TI

*Tenemos dones diferentes, según la gracia
que se nos ha dado.*

ROMANOS 12:6

Todo lo puedo en Cristo que me fortalece.

FILIPENSES 4:13

Enfoca el potencial, no las limitaciones

*P*ara tener éxito en ser tú misma, construir la confianza y vencer la inseguridad, *debes enfocar el potencial en lugar de las limitaciones*. En otras palabras, enfoca tus fortalezas en vez de tus debilidades.

Tú y yo no podemos hacer realmente *nada* de lo que queremos hacer. No podemos hacer nada ni todo lo que otro hace. Pero podemos hacer todo lo que Dios *nos ha llamado a hacer*. Y podemos ser todo lo que Dios *dice que podemos ser*.

Cada uno de nosotros posee dones, talentos, potenciales y habilidades. Si realmente comenzamos a cooperar con Dios, podemos llegar a alcanzar lo mejor que Dios tiene para nosotros. Pero si tenemos ideas muy elevadas y fijamos metas que estén más allá de nuestras habilidades y de los dones de gracia en nuestra vida, nos frustraremos. No lograremos esas metas, y podemos aún terminar por culpar a Dios por nuestro fracaso.

Los dones y talentos los reparte el Espíritu Santo de acuerdo con la gracia de cada persona, para que los usemos. Si vas a agradarte a ti misma, si vas a tener éxito en ser tú misma, tendrás que enfocar tu potencial, lo que Dios te ha creado para ser, no tus limitaciones.

❧

*Si Dios te ha llamado a hacer algo,
te encontrarás amándolo a pesar de
cualquier adversidad que pueda acosarte.*

PALABRA DE DIOS PARA TI

¿Qué busco con esto: ganarme la aprobación humana o la de Dios? ¿Piensan que procuro agradar a los demás? Si yo buscara agradar a otros, no sería siervo de Cristo.

GÁLATAS 1:10

No lo hagan solo cuando los estén mirando, como los que quieren ganarse el favor humano, sino como esclavos de Cristo, haciendo de todo corazón la voluntad de Dios.

EFESIOS 6:6

TEN EL CORAJE
DE SER DIFERENTE

*S*i vas a vencer la inseguridad y ser la persona que
has sido llamada a ser en Cristo, *debes tener el coraje de
ser diferente.* Para llegar al éxito de ser completa y
totalmente tú misma, vas a tener que darte la oportunidad
de no ser como ningúna otra.

Llegar a ser un "agrada hombres" es una de las cosas
más fáciles que podemos hacer, pero una que al final
puede hacernos muy infelices. Cuando comenzamos a
agradar a otras personas, empezamos a oír comentarios
que nos hacen sentir bien acerca de nosotras. Eso está bien
mientras que no basemos en ello nuestra escala de valores.
Como creyentes, nuestra escala de valores debe estar
arraigada y cimentada en el amor de Dios.

Valemos algo porque Dios envió a su único Hijo a
morir por nosotros. Valemos algo porque Dios nos ama, no
por lo que todos los demás piensan o dicen de nosotras.

Como seguidoras de Cristo debemos ser guiadas por el
Espíritu, no controladas por la gente, haciendo lo que los
demás quieren que hagamos porque pensamos que con eso
ganaremos aceptación y aprobación. De la misma manera,
no deberíamos tratar de controlar a otros, sino dejar que
sean guiados por el Espíritu, tal como nosotras.

---

*No pongas a Dios en una caja. Él tiene muchas
formas de guiarte, si le permites ser
el líder mientras tú te conviertes en seguidor.*

PALABRA DE DIOS PARA TI

En cuanto a ustedes, la unción (el sagrado acuerdo, el ungüento) que de él recibieron permanece (constantemente) en ustedes, y (de esa forma) no necesitan que nadie les enseñe. Esa unción es auténtica –no es falsa– y les enseña todas las cosas. Permanezcan (vivan) en él, tal y como él les enseñó (a hacerlo).

1 JUAN 2:27

APRENDE A LIDIAR CON LA CRÍTICA

*S*i vas a vencer la inseguridad, tendrás que *aprender a lidiar con la crítica.*

¿Eres una persona que se auto valida, o necesitas la validación externa? La validación externa es la necesidad de que alguien te diga que estás bien. La autovalidación es actuar guiado por el Espíritu Santo.

Cuando tenemos noticias de parte de Dios, a menudo consultamos demasiado con la gente. Con el Espíritu Santo en nosotros, no necesitamos consultar con otros. El escritor de Proverbios dice: *"En la multitud de consejeros hay seguridad"* (Proverbios 11:14). La respuesta es ser obediente al Espíritu, sin rechazar el consejo de otros que son más sabios que nosotros.

Debemos aprender a estar lo suficientemente seguras como para saber cómo lidiar con la crítica, sin sentir que algo está mal en nosotras. No debemos estar bajo esclavitud pensando que debemos amoldarnos a la opinión de la gente.

Ten plena confianza en quién eres en Cristo, para que puedas escuchar a otros y estar abierta al cambio, sin sentir que debes estar de acuerdo con sus puntos de vista o contar con su aprobación, si no crees que sus sugerencias son correctas.

Puedes tener errores, puede ser que haya cosas en ti que necesiten ser cambiadas, pero Dios obra tanto en ti como en todos los demás.

Palabra de Dios para ti

*Porque la circuncisión somos nosotros, los que
por medio del Espíritu de Dios adoramos, nos
enorgullecemos en Cristo Jesús y no ponemos
nuestra confianza en esfuerzos humanos.*

Filipenses 3:3

DESCUBRE LA VERDADERA FUENTE DE CONFIANZA

*L*a clave más importante para llegar a ser más seguras es *descubrir la verdadera fuente de confianza.* ¿En qué pones tu confianza? Esa pregunta debe ser hecha antes de que tengas la confianza de Dios. Antes de que tu confianza esté en Él, debes dejar de confiar en otras cosas.

¿Está Dios tratando contigo acerca de dónde has puesto tu confianza? ¿Está en el matrimonio? ¿En un título secundario? ¿En tu trabajo? ¿En tu cónyuge? ¿En tus hijos?

No debemos poner nuestra confianza en nuestra educación, nuestra apariencia, nuestra posición, nuestros dones, nuestros talentos o en las opiniones de otras personas. Nuestro Padre celestial nos dice: "No más; es tiempo de abandonar todas esas cosas carnales que has sostenido firmemente durante tanto tiempo. ¡Es tiempo de poner tu fe y confianza en mí, y solo en mí!

Debes llegar al punto donde tu confianza no esté en la carne, sino en Cristo Jesús. Aprende a confiar en Él: *"Encomienda al Señor tu camino [presenta y coloca sobre Él toda la ansiedad de tu carga]; confía [apóyate, descansa, y ten confianza] en él y él hará"* (Salmos 37:5).

❧

Permite al Señor sacudir de ti el falso sentido de confianza, valor, seguridad, y bienestar que tan duramente tratas de sacar de las cosas terrenales.

---------------- ❧ ----------------

*Para vivir como Dios pretende
que vivamos, lo primero que
debemos hacer es creer sinceramente
que la voluntad de Dios es que
experimentemos gozo continuo.*

Cuando te sientas deprimida

PALABRA DE DIOS PARA TI

*Puse en el SEÑOR toda mi esperanza; él se inclinó
hacia mí y escuchó mi clamor.
Me sacó de la fosa de la muerte (un hoyo de tumulto y
destrucción), del lodo y del pantano (espuma y fango); puse
mis pies sobre una roca, y me plantó en terreno firme.
Puso en mis labios un cántico nuevo, un himno
de alabanza a nuestro Dios. Al ver esto,
muchos tuvieron miedo (reverenciaron y adoraron) y
pusieron su confianza en el SEÑOR.*

SALMOS 40:1-3

*¡Alégrense (firmemente, inflexiblemente), ustedes los justos
(los que son rectos y permanecen fieles a Él); regocíjense en el
SEÑOR! ¡canten todos ustedes, los rectos de corazón!*

SALMOS 32:11

Parte Cinco

CUANDO TE
SIENTAS DEPRIMIDA

ente proveniente de todas las sendas de la vida tiene ataques de depresión. Hay muchas causas subyacentes para la depresión y una variedad de tratamientos. Algunos son efectivos, pero muchos otros no. Algunos ayudan temporalmente, pero no pueden quitar para siempre la tormenta depresiva. La buena noticia es que Jesús puede sanar la depresión y liberarnos de ella.

Dios nos ha dado su gozo para luchar con la depresión. Si eres una creyente en Cristo Jesús, el gozo del Señor está dentro de ti. Muchos creyentes lo saben, pero no tienen la más mínima idea de cómo hacer surgir ese gozo y liberarlo. Necesitamos experimentar lo que es nuestro como resultado de nuestra fe en Jesucristo. ¡Es la voluntad de Dios que experimentemos gozo!

Tuve problemas de depresión hace mucho tiempo. Pero, gracias a Dios, aprendí que no tenía que permitir que los sentimientos negativos de depresión me dirigieran. ¡Aprendí la forma de liberar el gozo del Señor en mi vida!

No importa por lo que hayas tenido que pasar en la vida, o lo que ahora atraviesas; si eres una creyente en Cristo Jesús, tienes su gozo dentro de ti, y puedes aprender a liberarlo para ganarle a la depresión.

---

*La razón por la que podemos reír y disfrutar la vida,
a pesar de nuestra situación actual o circunstancias,
es porque Jesús es nuestro gozo.*

Palabra de Dios para ti

*...más bien, una cosa hago (es mi única
aspiración): olvidando lo que queda atrás y
esforzándome por alcanzar lo que está delante.*

Filipenses 3:13

TRATA CON LAS DECEPCIONES

*T*odos debemos enfrentar las decepciones y tratar con ellas en diferentes momentos. A ninguna persona viva le sucede, en la vida, lo que quiere y en la forma que espera.

Cuando las cosas no prosperan o no tienen éxito de acuerdo a nuestro plan, lo primero que sentimos es decepción. Es normal. No hay nada malo en que nos sintamos decepcionadas. Pero debemos saber qué hacer con esos sentimientos, o nos llevarán a algo más serio.

No podemos vivir en el mundo sin experimentar desengaños, pero ¡en Jesús siempre se nos da una nueva oportunidad!

El apóstol Pablo declaró que, en la vida, había aprendido una lección importante que era: ¡olvidar lo que quedaba atrás y extenderse a lo que estaba adelante!

Cuando nos decepcionamos, inmediatamente nos reorientamos, eso es exactamente lo que hacemos. Permitimos que las causas de la decepción se vayan y nos extendemos a lo que Dios tiene para nosotros. Adquirimos una nueva visión, plan, idea, una perspectiva fresca, una nueva mentalidad, y viramos nuestro enfoque hacia ello. *¡Decidimos continuar!*

❧

¡Cada día es un nuevo comienzo! Podemos dejar los desengaños del ayer y darle a Dios la oportunidad de hacer algo maravilloso por nosotros hoy.

Palabra de Dios para ti

*A eso de la medianoche, Pablo y Silas se
pusieron a orar y a cantar himnos a Dios,
y los otros presos los escuchaban.
De repente se produjo un terremoto tan fuerte
que la cárcel se estremeció hasta sus cimientos.
Al instante se abrieron todas las puertas y a los
presos se les soltaron las cadenas.*

Hechos 16:25-26

*Alégrense siempre en el Señor. Insisto:
¡Alégrense!*

Filipenses 4:4

El poder
del regocijo

En toda la Biblia Dios instruye a su pueblo para que sea lleno de gozo y regocijo. Pablo, inspirado por el Espíritu Santo, enseña dos veces a los filipenses a regocijarse. Cada vez que el Señor nos dice dos veces que hagamos algo, debemos prestar atención cuidadosamente a lo que Él dice.

Muchas veces la gente ve u oye la palabra "regocijo" y dice: "Eso suena lindo pero, ¿cómo lo hago?" ¡Les gustaría regocijarse pero no sabe cómo!

Pablo y Silas habían sido golpeados, arrojados en prisión y sus pies puestos en cepos, y se regocijaron simplemente cantando alabanzas a Dios. Eligieron regocijarse, a pesar de sus circunstancias.

El mismo poder que abrió las puertas y quebró las cadenas de Pablo y Silas, y de los que estaban presos con ellos, está disponible hoy para los que están encarcelados y encadenados debido a la depresión.

El gozo puede hacerlo todo, desde el apacible deleite hasta el extremo júbilo. El gozo mejora nuestro semblante, nuestra salud y nuestra calidad de vida. Fortalece nuestro testimonio ante los demás y hace más soportables algunas de las circunstancias menos deseables de la vida.

PALABRA DE DIOS PARA TI

...pues el gozo del Señor es nuestra fortaleza.

NEHEMÍAS 8:10

*Sin embargo, considero que mi vida
carece de valor para mí mismo, con tal de que
termine mi carrera y lleve a cabo el servicio que
me ha encomendado (el que me fue confiado
por) el Señor Jesús, que es el de dar testimonio
del evangelio (las buenas nuevas) de la gracia
de Dios (su inmerecido favor, bendición
espiritual, y misericordia).*

HECHOS 20:24

ACTIVA LA BOMBA

Cuando no nos sentimos contentas, necesitamos realizar alguna acción para liberar el gozo, antes de que comencemos a deslizarnos en la depresión. A veces debemos empezar a regocijarnos, lo sintamos o no. Es como poner en marcha una bomba de agua, moviendo repetidamente la manija hacia arriba y hacia abajo, hasta que la bomba comienza a succionar y el agua empieza a fluir.

Me acuerdo que mis abuelos tenían una antigua bomba de agua. Puedo recordar que, de pequeña, me paraba junto a la pileta, bombeaba hacia arriba y hacia abajo y a veces sentía que nunca comenzaría a suplir agua. Realmente parecía que estuviese conectada a la nada y yo estuviera bombeando solo aire.

Pero si no me daba por vencida, moviendo la manija hacia arriba y hacia abajo, pronto se haría más difícil. Esa era la señal de que el agua comenzaría a brotar en breve.

De la misma forma sucede con el gozo. Tenemos una fuente de agua dentro de nuestro espíritu. La palanca de la bomba para hacerla subir es la exuberancia física, la sonrisa, el canto, la risa y demás. Al principio las expresiones físicas pueden parecer no estar haciendo nada bien. Luego de un rato, se hace aún más difícil, pero si la mantenemos, pronto obtendremos un "pozo petrolero" de gozo.

―――――――――― ❧ ――――――――――

Si el gozo es un fruto del Espíritu,
y el Espíritu está en ti, el gozo está en ti.
Lo que debemos hacer es aprender a liberarlo.

PALABRA DE DIOS PARA TI

¿Por qué voy a inquietarme?
¿Por qué me voy a angustiar? En Dios pondré
mi esperanza y todavía lo alabaré. ¡Él es mi
Salvador y mi Dios!

SALMOS 42:5

AGUARDA A DIOS,
EXPECTANTE

¿*A*lguna vez tu hombre interior se siente abatido? A veces el mío sí. También el de David. Cuando se sentía así, David ponía su esperanza en Dios y esperaba en Él, lo alababa como su ayuda y su Dios.

Para vencer sus sentimientos y emociones de abatimiento, usaba canciones y gritos de liberación. Es por eso que muchos de sus salmos son cantos de adoración a Dios para ser entonados en medio de las situaciones inciertas.

David sabía que cuando se deprimía, su semblante decaía con él. Por eso se hablaba a sí mismo, a su alma (mente, voluntad, y emociones), y se animaba y fortalecía en el Señor (1 Samuel 30:6).

Cuando nos encontramos en ese mismo estado depresivo, deberíamos aguardar expectantes al Señor, alabar al que es nuestra ayuda y nuestro Dios, y alentarnos y fortalecernos en Él.

Nosotros los justos –afirmados en el Señor– por la fe en Jesucristo, aquellos que nos refugiamos y ponemos nuestra confianza en el Señor, ¡podemos cantar y gritar de alegría! El Señor hace una cobertura sobre nosotros y nos defiende. ¡Él pelea nuestras batallas por nosotros cuando lo alabamos! (2 Crónicas 20:17, 20-21).

───────────── ✃ ─────────────

Tú y yo debemos darnos cuenta y recordar que
la depresión no es parte de nuestra herencia en Jesucristo.
No es parte de la voluntad de Dios para sus hijos.

PALABRA DE DIOS PARA TI

*Practiquen el dominio propio (la moderación,
la sobriedad mental) y manténganse alerta.
Su enemigo el diablo ronda como león
rugiente (como fiera hambrienta),
buscando a quién devorar.
Resístanlo, manteniéndose firmes en la fe
(contra su ataque, arraigados, establecidos,
fuertes, inamovibles y decididos), sabiendo que
sus hermanos en todo el mundo (el cuerpo
entero de cristianos) están soportando la misma
(idéntica) clase de sufrimientos.*

1 PEDRO 5:8-9

RESISTE LA DEPRESIÓN INMEDIATAMENTE

*S*on muchas las causas de depresión, pero sola una la fuente: Satanás. Él quiere mantenernos deprimidas y que nos sintamos mal con respecto a nosotras mismas, para que no recibamos todo aquello que Jesús quiere darnos por su muerte.

No importa cuáles sean las causas de la depresión –física, mental, emocional o espiritual– tan pronto como sintamos que la depresión llega, debemos resistirla inmediatamente y efectuar cualquier acción que el Señor nos guíe a realizar.

No juegue alrededor de la depresión. Tan pronto como comencemos a sentirnos decepcionadas, debemos decirnos a nosotras mismas: "Mejor que haga algo al respecto antes que empeore". Si no lo hacemos, finalmente nos desalentaremos y luego nos deprimiremos. Jesús nos dio para vestirnos *"el manto de gozo en lugar el espíritu de opresión"* (Isaías 61:3). Si no usamos lo que Él nos ha dado, nos hundiremos más y más en el pozo depresivo y podría terminar en un verdadero problema.

El resistir a Satanás en su embestida detendrá los extensos ataques de depresión. Resistimos al diablo sometiéndonos a Dios y esgrimiendo la espada del Espíritu, que es su Palabra (Efesios 6:17).

❧

Cuando sentimos que algo no es parte de la voluntad de Dios para nosotros, es cuando necesitamos comenzar a esgrimir la cortante espada de doble filo de la Palabra.

PALABRA DE DIOS PARA TI

*Por lo tanto, ya no hay ninguna condenación
(ninguna sentencia culpable de error) para los
que están unidos (y caminan no detrás de los
dictados de la carne sino junto) a Cristo Jesús.*

ROMANOS 8:1

NINGUNA CONDENACIÓN

*U*na de las más grandes herramientas que Satanás usa para tratar de hacernos sentir mal, es la condenación, la que ciertamente puede ser causa de depresión. Acorde con esta Escritura, los que estamos en Cristo Jesús ya no somos más condenados, ni juzgados culpables o equivocados. Aún así, a menudo nos juzgamos y condenamos a nosotros mismos.

Viví gran parte de mi vida sintiéndome culpable, hasta que aprendí y entendí la Palabra de Dios. Si alguien me hubiera preguntado de qué me sentía culpable, no podría haber respondido. Todo lo que sabía era que había un sentimiento indefinido de culpabilidad que me seguía continuamente.

En aquella experiencia Dios me dio una verdadera revelación acerca de caminar libre de culpa y condenación. Él me mostró que tú y yo no solo debemos recibir su perdón, sino que también debemos perdonarnos. Debemos dejar de golpearnos la cabeza por algo que Él ya ha perdonado y olvidado (Jeremías 31:34; Hechos 10:15).

Creo que es casi imposible deprimirse si se mantiene la mente bajo un estricto control. Por eso se nos dice en Isaías 26:3 que Dios nos guardará y mantendrá en perfecta y constante paz, si mantenemos nuestra mente fija en Él.

Dios tiene cosas nuevas en el horizonte
de tu vida, pero nunca las verás
si vives y revives el pasado.

PALABRA DE DIOS PARA TI

Aunque mi padre y mi madre me abandonen,
el SEÑOR me recibirá en sus brazos (me
adoptará como su hijo).

SALMOS 27:10

¡Fíjense qué (increíble) gran amor
nos ha dado (mostrado, regalado) el Padre, que
se nos llame (se nos permita llamarnos) hijos
de Dios! ¡Y lo somos!

1 JUAN 3:1

DIOS NO NOS RECHAZA

El rechazo causa depresión. Ser rechazado significa ser desechado, como si no tuviéramos ningún valor o fuéramos despreciados. Fuimos creados para la aceptación, no para el rechazo. El dolor emocional debido al rechazo es conocido como uno de los más profundos. Especialmente si el rechazo proviene de alguien que amamos o de quien esperamos que nos ame, como los padres o cónyuges.

Si usted ha estado deprimida, puede ser debido a una raíz de rechazo en su vida. Vencer el rechazo ciertamente no es fácil, pero podemos vencerlo a través del amor de Jesucristo.

En Efesios 3:18 Pablo oraba por la iglesia, que ellos conocieran *"la anchura, longitud, altura y profundidad"* del amor que Dios tenía por ellos y que podían experimentar por sí mismos. Decía que esta experiencia sobrepasa altamente al mero conocimiento.

Observa todas las maneras en que Dios te muestra su amor, y esto vencerá el rechazo que puedas haber experimentado por parte de otras personas. Cada vez que Dios nos hace un favor, nos muestra que nos ama. Hay muchas formas en que Él muestra su amor continuo por nosotros; simplemente necesitamos comenzar a verlo.

---

*Tener una revelación profunda del amor de Dios
por nosotros, nos guardará de la depresión.*

PALABRA DE DIOS PARA TI

*Para alabanza de su gloriosa gracia, que nos
concedió en su Amado.*

EFESIOS 1:6

Presta atención a lo que Dios dice de ti

*D*ios no quiere que nos sintamos frustradas y condenadas. Él quiere que nos demos cuenta que le agradamos tal como somos.

El diablo siempre trata de decirnos lo que no somos, pero Dios siempre trata de decirnos lo que somos: sus hijos amados que lo complacen en gran manera.

Dios nunca nos recuerda cuán lejos hemos caído. Siempre nos recuerda cuánto hemos ascendido. Nos recuerda cuánto nos hemos sobrepuesto, cuán preciosos somos a sus ojos, cuánto nos ama.

El diablo nos dice que posiblemente no podamos ser aceptas ante Dios, porque no somos perfectas, pero Dios nos dice que somos aceptas en el Amado por lo que Él ya ha hecho por nosotras.

Dios quiere que sepamos que su mano está sobre nosotras, que sus ángeles velan por nosotras, que su Santo Espíritu está justo ahí, en nosotras y con nosotras, para ayudarnos en todo lo que hagamos.

Él quiere que sepamos que Jesús es nuestro amigo, y que cuando caminamos con Él día a día, lo bueno va a tener lugar en nuestra vida.

Si escuchamos a Dios más que al diablo,
Él nos dará paz por el pasado,
gozo para el presente y esperanza para el futuro.

Podemos vivir sin temor
edificando nuestra fe sobre lo que
Dios ha dicho en su Palabra.

Cuando sientas temor

Palabra de Dios para ti

*Así que no temas (no hay nada por qué temer),
porque yo estoy contigo; no te angusties porque
yo soy tu Dios. Te fortaleceré y te ayudaré; te
sostendré con mi diestra victoriosa.*

Isaías 41:10

Parte Seis

CUANDO SIENTAS TEMOR

no de los beneficios disponibles para nosotros, como parte de la herencia espiritual del creyente en Jesucristo, es la libertad del temor. Pero si aún tememos, sabemos que podemos avanzar y actuar basados en lo que Dios dice, porque Dios está con nosotros para protegernos. Él nos ayudará, irá adelante para pelear la batalla por nosotros y nos librará.

Si sientes que te has perdido algunas bendiciones en la vida por causa del temor, puedes aprender cómo manejar o sobrellevar el temor, y comenzar a experimentar la vida abundante que Dios ha planeado para ti.

El mensaje "no temas, porque Yo, el Señor, estoy contigo" está expresado de formas muy diferentes en toda la Biblia. Dios no quiere que tengamos miedo, porque el miedo nos priva de recibir y hacer todo lo que Él ha planeado para nosotros. Él nos ama y quiere bendecirnos, y ha provisto medios para que no temamos.

La única actitud (y confesión) aceptable que el cristiano puede tener ante el temor, es esta: "Esto no proviene de Dios, ¡y no voy a permitir que controle mi vida! Confrontaré el temor, porque es un espíritu enviado desde el infierno para atormentarme".

Dios tiene un plan para tu vida. Recibe su plan y pon tu fe en Él. Decide hoy no permitir más que el espíritu de temor te intimide y domine tu vida.

❧

Jesús es tu Liberador. Mientras lo buscas
diligentemente, Él te librará de todo temor.

Palabra de Dios para ti

—No tengan miedo —les respondió Moisés—.
Mantengan sus posiciones (permanezcan
firmes, confiados, sin desmayar), que hoy
mismo serán testigos de la salvación que el
SEÑOR realizará a favor de ustedes.

Éxodo 14:13

...el diablo (...) desde el principio este ha sido
un asesino, y no se mantiene en la verdad,
porque no hay verdad en él. Cuando miente,
expresa su propia naturaleza, porque es un
mentiroso (en sí mismo). ¡Es el padre de la
mentira!

Juan 8:44

EL TEMOR ES UNA MENTIRA

*J*esús dijo que el diablo es un embustero y que es el padre de toda mentira. La verdad no está en él. Él trata de usar la mentira para hacer caer al pueblo de Dios en el temor, para que no sean lo suficientemente osados como para obedecer al Señor y cosechar las bendiciones que Él tiene almacenadas para ellos.

A menudo el temor a alguna cosa es peor que la cosa en sí misma. Si fuésemos valientes y nos determináramos a hacer lo que tememos, descubriríamos que ni se aproxima a ser tan malo como pensábamos que podría ser.

En toda la Palabra de Dios encontramos al Señor diciéndole a su pueblo: "No temas". Creo que la razón por la cual lo hizo fue para alentarlos, de modo que no le permitiéramos a Satanás robarnos sus bendiciones.

Del mismo modo, porque sabe que tememos, el Señor continúa exhortándonos y animándonos a presionar por lo que tenemos por delante, para hacer su voluntad; porque Él sabe que nos aguardan grandes bendiciones.

La palabra temor en inglés se deletrea *f-e-a-r*. Si nos basamos en ella, podríamos decir que temor significa *falsa evidencia aparentemente real*. El enemigo quiere decirte que tu situación actual es la evidencia de que tu futuro será un fracaso, pero la Biblia nos enseña que nuestras circunstancias presentes no importan, porque nada es imposible para Dios (Marcos 9:17-23).

❦

Solo cuando conozcas la Palabra de Dios reconocerás las mentiras de Satanás. Confiesa la Palabra de Dios, y ella te llevará al lugar de la victoria.

Palabra de Dios para ti

*Pues Dios no nos ha dado un espíritu de
timidez (de cobardía, de bajo y servil temor),
sino (que Él nos ha dado un espíritu) de poder,
de amor y de dominio propio.*

2 Timoteo 1:7

¡NINGÚN TEMOR!

*C*ada uno de nosotros ha experimentado lo que es comenzar a andar en fe, y aún pensando en ella, el temor empieza a aumentar en nosotros. Necesitamos darnos cuenta que la fuente del temor es Satanás. Primera de Juan 4:18 RVR dice: *"En el amor no hay temor, sino que el perfecto amor echa fuera el temor; porque el temor lleva en sí castigo. De donde el que teme, no ha sido perfeccionado en el amor".*

Satanás envía temor para tratar de atormentarnos haciéndonos dudar y ser tan miserables, que esto nos impida hacer lo que Dios quiere que hagamos, y recibir todo lo que Dios tiene para nosotros.

Podemos vivir sin temor edificando nuestra fe en lo que Dios ha dicho en su Palabra. Cuando abrimos nuestra boca y confesamos lo que Dios nos dice a nosotros y lo que Él dice de nosotros, su Palabra nos da el poder para vencer los temores que nos atormentan y reprimen.

Cuando descubrimos que estamos tratando de evadir confrontar algún asunto de nuestra vida por causa del temor, del pavor, del cuestionamiento o del razonamiento, deberíamos orar y pedirle a Dios que haga por nosotros lo que Él ha prometido en su Palabra: ir delante de nosotros y allanarnos el camino.

Pide a Dios que fortalezca tu hombre interior, que su fuerza y poder puedan llenarte, y que no seas vencido por la tentación de ceder ante el temor.

PALABRA DE DIOS PARA TI

*Y ustedes no recibieron un espíritu que de nuevo
los esclavice al miedo, sino el Espíritu que los
adopta como hijos y les permite clamar:
"¡Abba! ¡Padre!"*

ROMANOS 8:15

¡NO TEMERÉ!

El temor roba la fe de muchas personas. El temor al fracaso, el miedo al hombre y el miedo al rechazo, son algunos de los más fuertes temores empleados por Satanás para estorbarnos el progreso. Pero no interesa qué clase de temor envíe el enemigo en contra de nosotros, lo importante es vencerlo. Cuando enfrentamos el temor, no debemos ceder ante él. Es imperativo para nuestra victoria que determinemos: "¡No temeré!"

La reacción normal ante el temor es huir. Satanás quiere que corramos; Dios quiere que nos quedemos quietos y veamos su liberación.

A causa del temor, muchas personas no confrontan los hechos; pasan su vida huyendo. Debemos aprender a pararnos firmes en nuestro terreno y enfrentar al temor, con seguridad al saber que somos más que vencedores (Romanos 8:37).

El temor a fracasar atormenta a multitudes. Tenemos miedo de lo que la gente piense de nosotros si fallamos. Si seguimos y fallamos, algunas personas pueden enterarse; pero olvidarán rápidamente si nosotros lo olvidamos y continuamos. Es mejor intentar algo y fallar, que no intentar nada y triunfar.

———————— ❧ ————————

Acércate a la vida con audacia. El Espíritu del Señor está en ti; entonces programa tu mente para no temer.

Palabra de Dios para ti

Por eso, confiésense unos a otros sus pecados, y
oren unos por otros, para que sean sanados.
La oración del justo es poderosa y eficaz.

Santiago 5:16

ORA POR TODO Y NO LE TEMAS A NADA

*H*ace algún tiempo el Señor me habló con estas palabras: "Ora por todo y no le temas a nada". En el siguiente par de semanas me mostró distintas cosas sobre la oración versus temor. Muchas de ellas trataron pequeñas áreas por las cuales el temor trataría de deslizarse en mi vida y causarme problemas. Él me mostró que en cada caso, no interesaba cuán grande o importante, cuán pequeña o insignificante, la solución era orar.

A veces llegamos a temer al contemplar nuestras circunstancias. Cuanto más nos concentramos en el problema, más miedosos nos volvemos. En lugar de hacer esto, debemos mantenernos enfocados en Dios. Él es capaz de manejar todo lo que aún podamos tener que enfrentar en esta vida.

Dios ha prometido fortalecernos, robustecernos frente a las dificultades, sostenernos y guardarnos con su victoriosa diestra. También nos encomienda no temer. Pero recuerde, Él no nos encomienda no temer jamás, sino más bien no permitir que el miedo nos controle.

El Señor nos dice a ti y a mí, personalmente: "No temas, yo te ayudaré". Pero nunca experimentaremos la ayuda de Dios hasta que no pongamos todo en regla, hasta que seamos lo suficientemente obedientes como para andar por fe.

───────────── ✺ ─────────────

Cuando sientas miedo, no retrocedas ni huyas.
A cambio, ora y avanza... aunque temas.

PALABRA DE DIOS PARA TI

*Si a alguno de ustedes le falta sabiduría,
pídasela a Dios, y él se la dará, pues Dios da a
todos generosamente sin menospreciar a nadie.
Pero que pida con fe, sin dudar (sin titubear, sin
vacilar), porque quien duda (titubea, vacila) es
como las olas del mar, agitadas y llevadas de un
lado a otro por el viento.
Quien es así no piense que va a recibir cosa
alguna (que haya pedido) del Señor.*

SANTIAGO 1:5-7

FE: EL ANTÍDOTO
PARA EL TEMOR

*L*a fe es el único antídoto para el temor. Si tú o yo bebiéramos algún veneno, deberíamos beber un antídoto; de lo contrario, el veneno causaría serios daños o aún la muerte. Lo mismo es aplicable a la toxina mortal del miedo. Debiera haber un antídoto para él, y el único antídoto para el temor es la fe.

Cuando el temor viene a golpear a nuestra puerta, debemos responderle con fe, porque no hay nada más efectivo contra él. Y la oración es el principal vehículo que conduce la fe.

La fe debe ser llevada hasta el problema y liberada de alguna forma. Es posible orar sin fe (lo hacemos continuamente), pero es imposible tener una fe verdadera si *no oramos*.

Santiago nos dice que cuando tenemos necesidad de algo, debemos orar y pedírselo a Dios con una *sencilla* oración de *fe*. Esas dos palabras son muy importantes. El modo en que lo hacemos es mediante una *sencilla* oración y teniendo *fe*, creyendo que lo que pedimos, lo recibiremos de acuerdo a la divina voluntad y plan de Dios.

Pon tu fe en el Señor.
Él tiene el poder para liberarte de todo temor.

Palabra de Dios para ti

*Por eso, confiésense unos a otros sus pecados, y
oren unos por otros, para que sean sanados. La
oración del justo es poderosa y eficaz.*

Santiago 5:16

¡HAZLO CON MIEDO!

¿Cómo te sentirías si Dios te dijera que dejes tu casa, tu familia y todas las comodidades de tu hogar y te dirijas quién sabe a dónde? ¿Lleno de temor? Ese es precisamente el desafío que Abraham enfrentó, y lo asustó. Es por eso que Dios se mantuvo diciéndole vez tras vez: "No temas".

Elsabeth Elliot, cuyo marido fue muerto junto a otros cuatro misioneros en Ecuador, dice que su vida estaba totalmente controlada por el temor. Cada vez que empezaba a andar, el miedo la detenía. Una amiga le dijo algo que la hizo libre. Le dijo: "¿Por qué no lo haces aunque temas?" Elisabeth Elliot y Rachel Saint, hermana de uno de los misioneros asesinados, continuaron evangelizando a las tribus indígenas de los aucas, incluyendo a las personas que habían matado a su esposo y a su hermano.

Si esperamos hasta que no tengamos miedo para hacer algo, probablemente lograremos muy poco para Dios, para otros, o aún para nosotros. Tanto Abraham como Josué debieron caminar en fe y en obediencia a Dios, y hacer lo que Él les había encomendado hacer, aún con temor. ¡Debemos hacer lo mismo!

Determina que tu vida no sea
gobernada por el temor, sino por la Palabra de Dios.

Palabra de Dios para ti

*Después de esto, la palabra del SEÑOR
vino a Abram en una visión: "No temas,
Abram. Yo soy tu escudo, y muy
grande será tu recompensa".*

GÉNESIS 15:1

El coraje y la obediencia producen recompensas

*E*n Génesis 12:1 Dios le dio a Abram una gran orden. Entre tantas palabras, dijo: *"Vete de tu tierra y de tu parentela, y de la casa de tu padre, a la tierra que te mostraré"*.

Si Abram hubiera doblado sus rodillas ante el temor, el resto de la historia nunca hubiese sucedido. Nunca habría experimentado a Dios como su amparo, su gran galardón, ni nunca habría recibido su excesivamente grande recompensa.

De la misma manera, Josué no hubiese vencido su temor y sido obediente a los mandatos de Dios para guiar a su pueblo a la Tierra Prometida, y ni él ni ellos hubieran disfrutado alguna vez todo lo que Dios había planeado y preparado para ellos.

Hay poder en la Palabra de Dios para equiparnos, y detenernos para que no doblemos nuestras rodillas ante el temor a los deseos del diablo. Podemos hacer lo que Dios quiere que hagamos, aún si lo tenemos que hacer con miedo. Debemos continuar diciendo: "Señor, fortaléceme. Esto es lo que me has dicho que hiciera, y con tu ayuda lo haré, porque es tu voluntad revelada para mí. He determinado que mi vida no va a ser gobernada por el temor, sino por tu Palabra".

Dios no siempre nos libera "de" las cosas; a menudo camina con nosotros "por medio" de ellas.

PALABRA DE DIOS PARA TI

*Así que podemos decir con toda confianza: "El
Señor es quien me ayuda, no temeré. ¿Qué me
puede hacer un simple mortal?"*

HEBREOS 13:6

COMBATE EL TEMOR CON LA ORACIÓN

*E*l temor ataca a todos. Es la forma en que Satanás nos atormenta y nos impide disfrutar la vida que Jesús nos otorgó por medio de su muerte. Si aceptamos los miedos que Satanás ofrece y los vociferamos, le abrimos la puerta al enemigo y le cerramos la puerta a Dios.

Debemos aprender, como David y el escritor de Hebreos, a confesar denodadamente que Dios es nuestro ayudador, nuestro refugio y nuestra fortaleza.

Satanás busca debilitarnos a través del temor, pero Dios nos fortalece cuando tenemos comunión con Él en oración. La Biblia nos enseña a velar y orar: *"Velad y orad (presten estricta atención, sean cautos y activos), para que no entréis en tentación; el espíritu a la verdad está dispuesto, pero la carne es débil"* (Mateo 26:41). La principal referencia de este pasaje es prestar atención a nosotros mismos y al ataque que el enemigo lanza contra nuestra mente y nuestras emociones.

Cuando esos ataques son detectados, debemos orar inmediatamente. Debemos recordar que cuando oramos ese poder es liberado en contra del enemigo, no cuando pensamos que después oraremos.

Vela y ora por todo. Creo que encontrarás que esta decisión es la que produce mayor gozo y paz en tu diario vivir.

―――――――――― ❧ ――――――――――

*Si alguna vez vamos a tener verdadera
victoria contra el enemigo,
debemos resistirlo en oración y con fe.*

Joyce Meyer

Joyce Meyer ha enseñado la Palabra de Dios desde 1976, y está dedicada por completo al ministerio desde 1980.

Su programa radial "Vida en la Palabra" se escucha en todos los Estados Unidos; su emisión televisiva es vista alrededor del mundo.

Viaja extensamente; predica sus mensajes que cambian vidas a través de las conferencias "Vida en la Palabra", y también en iglesias locales.

Para contactar a la autora, escriba a:

Joyce Meyer Ministries
P. O. Box 655 • Fenton, Missouri 63026, EE.UU.
O llame al: (636) 349-0303

La dirección de Internet es: www.joycemeyer.org

En Canadá, escriba a: Joyce Meyer Ministries Canada, Inc.
Lambeth Box 1300 • Londres, ON N6P 1T5
O llame al: (636) 349-0303

En Australia, escriba a: Joyce Meyer Ministries-Australia
Locked Bag 77 • Mansfield Delivery Center
Queensland 4122
O llame al: (07) 3349-1200

En Inglaterra, escriba a: Joyce Meyer Ministries
P. O. Box 1549 • Windsor • SL4 1GT
O llame al: 01753-831102